JN439810

어느 곳에나 있고
아무 데도 없는

이연주 시집

전당시선
003

어느 곳에나 있고 아무 데도 없는

이연주 시집

문학의전당

시인의 말

늦은 나이에 뒤를 돌아봅니다. 선생님이 되고 싶었던 유년의 꿈이 아직 거기 있습니다. 무작정 책이 좋아 보물처럼 아끼며 사랑했던 날들도 그대로입니다. 지나고 보니 생은 행복하기만 한 것도 불행하기만 한 것도 아니었습니다. 그저 소중한 인연들입니다.

많이 부족한 글을 묶어내는 것이 여간 부끄럽지 않지만 많이 설레기도 합니다. 시는 팍팍한 삶에 숨 고르는 여유를 내게 주었습니다. 사물들이 새롭게 보이고 세상이 참 고맙다는 생각이 들게 해주었습니다. 매주 만나 함께 공부하는 구상문학관 시동인 〈언령〉 문우님들의 사랑과 자상하게 지도해주신 김주완 교수님의 은혜에 감사드립니다. 출발은 늦었지만 제게 남은 시간 모두를 그저 따뜻하고 물기 있는 시를 쓰면서 소진하고 싶습니다.

한결같이 버팀목이 되어 주는 남편과 이제 우뚝하게 장성한 아이들이 고마울 따름입니다. 미국에 살면서 표지 그림과 컷을 그려준 딸의 마음이 오늘은 더 곱게 보입니다.

2014년 4월

이연주

차례

제2부 잠 깨면 아침이다

제3부 물드는 것이 아름답다

제4부 어느 곳에나 있고 아무 데도 없는

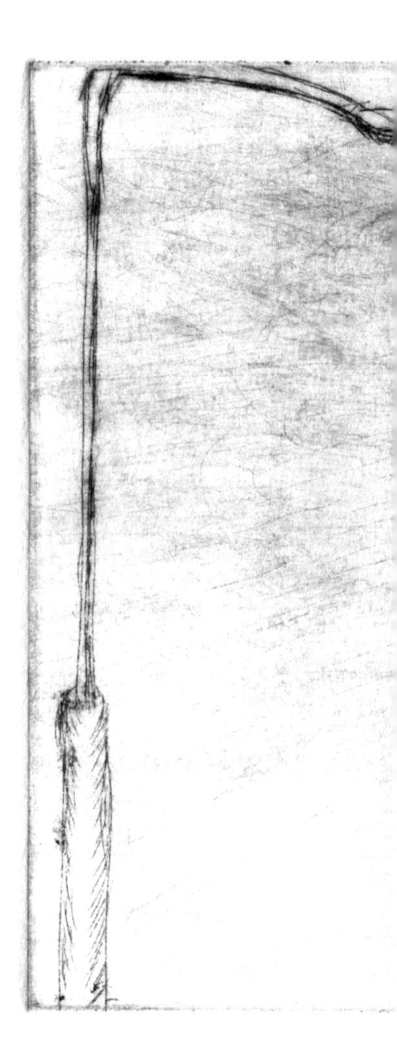

제1부

철물점의 새벽

못

어둠 속에서 기다리고 있다
뾰족한 날을 세우고
살 속에 깊이깊이 파고들
순간을 노리고 있다

날카롭게 소름 돋는 정적이
새벽안개처럼
우리 사이를 흐르고 있다

푸른 날들에 박힌
분홍의 못 아직 그대로인데
더는 들이고 싶지 않은데
자꾸 가까워지는 시퍼런 천공(穿孔)
어둠 속에서 다가오고 있다

철물점의 새벽

물때처럼
자욱이 안개가 밀려오는 새벽
삐비빅 무거운 셔터 소리 울리면
눈 비비며 들어서는
잠이 덜 깬 작업복 차림의 인부들

갑자기 흥분하는 철물들
이 구석 저 구석에서 푸르르 몸을 떤다
쾅쾅 못 박고 싶은 망치
때려주는 만큼 깊이깊이 파고들고 싶은
못 옆에서
흩어지는 허섭스레기들 칭칭 동여매고 싶은
철사가 몸을 비틀고 있다

집어주기를, 쓰이기를
선택을 기다리는 저 아득한
눈길

여치 소리

밤이 우물처럼 깊다
뒤뜰 여치의 찌릿대는 울음소리 귓가를 적신다

가슴 깊이 파고드는 여치의 울음소리
마른 갈바람 무너지는 소리에
몸을 떨고 있다

그믐달 바라보며
여치 소리 멀어져가는 허공에
가늘고 긴 한숨을 흘린다

무료급식소

남루한 옷차림의 노인들
오전 열 시도 되기 전
무료급식소 안으로 꾸역꾸역 모여든다

바람만 불어도 시려오는 수족
지팡이에 의지하고
안동댁 왔능교, 성주 댁은 왜 안 보이노?
움푹 팬 힘없는 눈을 실룩이며
마른 풀잎 같은 손을 휘젓는다

열두 시 십 분 전
관리 전도사의 간절한 기도가 끝나자
허겁지겁 국밥으로 허기를 채운다
주름살만큼 굴곡진 날들을 지나온 할머니
더듬더듬 목도리를 동여매고 손가방을 챙긴다

쇠줄에 매여 있는 늙은 진돗개
골목길 곰탕집 문 앞에서

급식소를 나서는 할머니에게 꼬리치며 짖는다

따뜻한 가을 햇살이
걸어가는 노인들의 마른 어깨 위에 내려와 앉는다

숨은 바람이 잠들어 있다

남자가 밖으로 돌고 있다

허공에 실금 긋는 하얀 골프공이
바람을 밟으며 날아가고 있다
어디까지 갈 것인가, 시선이 뒤따라간다
룩 업 하는 남자의 얼굴이 환해진다
지금껏 본 적 없는 얼굴이다
벙커와 해저드, 러프 지역이 삼엄하게 기다리고 있는데
공은 시야에서 벗어나지 않고 포물선으로 뻗어나간다
남자의 스탠스에서 미리 알았다, 에어 샷이 아니라는 것을
남자가 홀인원을 할 것 같다
갤러리들은 우레 같은 박수를 칠 것이다

바람을 가르는 남자의 완벽한 샷 속에
숨은 바람이 잠들어 있다
남자의 홀인원을 기뻐할 수 없다
여자는 지금 질투하고 있다, 남자의 물오른 마음을

옥탑방

별들이 내려와 옥탑방을 기웃댄다
노동의 적진(積塵)이 모자 위에 자욱한 남자
해진 하루를 수습하여 올라온다
새벽하늘이 열리기도 전에 총총히 내려가
있는 힘 다 부려놓고
빈 몸으로 돌아오는 것이다
짧은 밤사이, 남자는 얼마나 채울 수 있을까
패널 벽으로 화살처럼 침투하는 얼음바람을
휴대용 가스레인지 파란 불꽃으로 녹이면서
냄비에 끓고 있는 라면을 곁눈질한다
간곡하게 풀리면서 익어가는 면발이
포륵포륵 되살아나고 있다
아직은 아니군,
별들이 수군거리며 되돌아가고 있다

지하철

철걱거리며 달리는 지하철
땀에 젖은 초라한 작업복 차림의 남자
남의 시선도 아랑곳없이 등의자에 반쯤 누워
코 고는 소리 들쭉날쭉이다
지워진 필름처럼 사이사이 무호흡도 있다

역사마다 사람들이 타고 내리는데
아무도 거들떠보지 않는다
이만큼 떨어져 앉은 승객들은
스마트폰만 들여다보면서
손가락 끝으로 세상을 넘기고 있다

기차의 꽁무니를 따라오던 그믐달이
은행나무 가지 끝에 걸려
노랗게 질린 안면 근육을 떨고 있다

와불 같은 그 남자가 내릴 역이 어딘지
아무도 모른다

투신

장대비 내리던 날
십사층 베란다에서
빗속으로
꽃 한 송이
나비처럼 날아내렸다

여인을
그리워하는 남자
빈 가슴으로
선홍빛 단풍 물드는 소리 흐른다

땅속 깊은 곳,
조각난 꿈을
쉼 없이 적시는 가을 빗소리

환하게 피었던 기억만을 남기고
이제
꽃은 다시 피지 않을 것이다

유학산의 봄

학이 사라진
유학산 산벚나무에 봄비 내린다
바람 불어 떨어진 꽃잎 꽃잎, 파리한 얼굴들
다 젖는다
열아홉 삼촌의 청춘이 전사통지서로 돌아오던 날
할아버지의 창백한 흐느낌, 저랬다

그해 늦여름 산길 모퉁이, 조팝나무 꽃송이처럼
빈 꽃상여 하얀 지화(紙花)들이 한없이 하늘거렸지
풀섶 여기저기 피어 있던 민들레
백발 같은 하얀 홀씨 모두 날아가 버리고
빈 꽃대만 앙상하게 흔들리고 있었지
빈 묘 봉분 한사코 잡아 뜯던 할아버지 손마디
마른 꽃대처럼 떨렸었지

삼촌의 유골은 영 돌아오지 않았는데
올봄에도
한국전쟁 전사자 미군병사 유해 발굴 작업 현수막이

유학산 가파른 임도에 걸렸다

영문자가 더 굵고 진한 한영 혼용의 현수막

탈출 본능

짐을 싸서 나서고 싶다

오래된 서랍장을 열고
낡고 색 바랜 옷들을 골라내어
분리수거를 하듯이

어깨가 무거우면 돋아나는 날개
떼어놓고 오기 위해 나서야 한다

생살이 타도록
뜨겁게 솟구치는 탈출 본능

묵정밭 산딸기

충청도 첩첩, 하늘 중간, 할부지 한 평 집
길 없어진 숲을 올라가면서
엄마는 어이어이 막대기로 휘젓는데
산새들 꺼억, 도마뱀 후다닥 길을 내준다
누운 할부지 머리 위 잡풀 우거져
외로움이 덤불 속 붙들고 있고
산 둔덕에 무덕무덕 농익은 산딸기
오랜 세월의 무게에
물러서 흐늘거린다

잊힌 자가 버리고 간 어느 날의 흔적

돌밭

칠곡, 매원리 돌밭
광주이씨 집성촌인 그곳
양반네 고택으로 바람 한 줄기 지나간다
조금씩 바래가는 처마에
세월의 무게가 무겁다

정승 하던 조상들의 넋이 머무는
깨어진 기왓장으로 돋은 파란 이끼에
꼬장꼬장 대쪽 같은 결기가 돈다

어느 날 조상님, 돌밭으로 나가더니
허리 펴고 앉아 헛기침만 해댄다

거울

거울은
울고 웃는 나의 변덕스런 마음을
몇 십 년 동고동락해 왔지만
있는 그대로 말해주니 얄밉다

하루에도
옷을 몇 번씩 바꿔 입고
비추어 보아도
말갛게 쳐다만 보니
속내를 들킨 것 같아
화도 나지만

내 곁을 떠나보내지 못함은
내가 너를 놓지 못하는 것인데

거울 안의 당신
또 한 사람은
내 마음속의 거울인데

빗방울

가득한 허공에서 떨어진 것들이
화살처럼 직선으로 몸을 날려
창에 와서 맨머리 부딪친다
파열된 두개골에서 쏟아져 나오는
투명한 뇌수가 유리창
아득한 천길 절벽으로 흘러내린다

비는
오래오래 내리달아야 방울이 된다
부서지기 직전의 짧은 순간
내려치는 번개 같이 잠깐 동안만
슬픈 방울이 된다

점점한 방울로
허공에 매단 뜻의 성사(成事),
바라보면
서러운 추를 흔들어
짜릉짜릉 울리고 있다

깨어지기 전까지만 온전한
사랑 같이
새빨간 방울토마토가
먹히기 위한 접시 위에서
오래 내리닫고 있다

남새밭에서

엄마는 뚝배기에 멸치 다시마 우려내고
된장 보글보글 끓기 전에 뒷마당 남새밭으로 간다

굽은 허리 지팡이에 기대선 호박할미 웃으며 반기는데
여린 호박잎이 치마를 살짝 올리니
우엉 잎은 시큰둥해 못 본 체 고개 돌리고
고춧잎 사이사이에 숨어 있는
아기고추 아빠고추 서로 부끄럽다

내려다보는 오이
삼복더위에 아삭하고 시원한 맛은 내가 최고야
가시 털 송송한 팔뚝을 내밀며 파꽃 대궁 허리를 툭 툭,

가지나무 사이 보랏빛 흰빛의 도라지꽃
서로 얼굴을 부비며 소곤소곤,
너무 시끄럽다고 외면하며
빨갛게 터질 듯한 볼을 마주 댄 방울토마토

때늦은 유채꽃이
하얀 정구지 꽃대 사이에 달라붙어 있다
상추는 목이 마른지 머리를 숙이고
쑥갓에게 “우리는 피서 안 가나”
남새 옆에 옹기종기 돈냉이 질세라 손을 번쩍
“저를요, 요구르트와 친구하여
믹서에 갈아드시면 정말 좋은데”
소쿠리에는 한 가득 작은 남새밭인데

아들이 뛰어오며 “엄마 된장국 타는데요” 한다

장날

좌판 위에서
고등어 갈치 오징어가 번들거리며 웃고 있다

갈퀴 같은 할머니 엉성한 손으로
구경하는 사람들에게 고등어 한 마리를 들고는
덤으로 넣어준다며, 싸요! 싸요! 소리친다
뻥튀기 아저씨는 펑, 펑, 강냉이를 튀겨낸다
지나가는 아주머니에게 한 움큼 선심을 쓴다

장날이면 단골 아저씨 고무장화를 무릎에 끼고
엎드려 구성진 트로트를 처량하게 부르는데
지나가는 여인 주춤거리다 천 원 한 장을
양은냄비에 넣어주고 어색한 웃음 감춘다

쪼그리고 앉아서 번데기 삶고 있던 아주머니
한 사발에 이천 원짜리 천 원에 사 가이소
목청을 돋운다
리어카 좌판의 오이 호박 고추 당근들이

이리저리 저마다 시끌벅적하다

장날을 기다리던 아주머니들의 장바구니는
후한 인심으로 가득하다

지나가던 할머니, 오는 날이 장날이네
덤으로 얻은 쑥떡을 오물오물 먹는다

장날의 좌판엔 물씬 익어가는
고향의 냄새가 소리, 소리로 피어오른다
입 모양이 고무다라이 안의 메기들 같다

겨울 갈대가 바람을 설시하다

성난 바람이 쓸고 간 자리
떨리는 관절을 이리저리 두드리는 갈대들
독거노인 집 같다

흔들릴수록 더욱 강해지는 것인가
지금은 바람에 밀려 푸석한 얼굴로 웅크리고 있지만
그의 뿌리는 더욱 단단해져 다가올 봄날의
푸른 꿈을 꾸고 있는지
머리에 쓰고 있는 은색 스카프가
저문 노을에 너울너울 춤을 춘다

바람에 흔들려도 그들 탓인가
바람도
누군가에 떠밀려 어쩔 수 없이 여기까지 온 것은 아닐까

갈대 : "몸을 상하게 한 것은 절도짓이야"
바람 : "말할 수 없는 사정이 있어요"
갈대 : "죄는 용서할 수 없지만 이것이 우리의 운명이라

면"

바람 : "갈대는 갈대네"

갈대 : "그래 무죄로구나"

갈대, 휘청거리며 바람의 무죄를 설시한다

언덕배기에 걸터앉은 석양이 홀연히 자리를 비킨다

여인의 묵언

바람이 분다
침묵하던 바람이 세차게 문을 두드린다
마른 몸 떨며 안으려고 용을 쓴다
옷깃을 여미며 돌아서는 여인

바람은 요란하게 와서
되돌려줄 게 있다는 듯이
저리 성화를 부리지만
가라앉은 여인의 마음은 여전히 냉담하다

바람의 침묵이 사라지면
여인의 묵언은
더 깊이 잦아든다

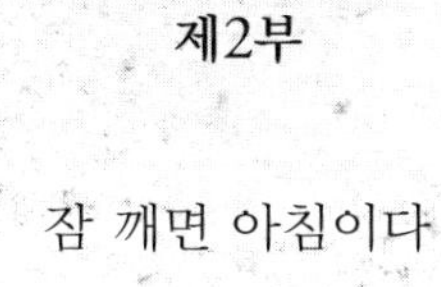

제2부

잠 깨면 아침이다

개망초

솔바람이 불어오는 초여름 저녁, 별꽃으로 날아온 여신인가요. 언제부터인지 길모퉁이 무리지어 피어 있는 연자줏빛 꽃잎에 노란 입술 그의 이름은 개망초, 먼 하늘을 바라보는 목이 더욱 길어만 집니다. 개망초는 훨훨 날아가고 싶습니다. 달빛이 살포시 얼굴을 내밀 때 외로움의 한기가 뼛속까지 시려옵니다. 기다리다 지친 서러움인가요. 잎은 꽃이 피면 시들고 꽃잎은 밤이 되면 별꽃 되어 날아갑니다. 그리움의 숨소리에 측백나무 위에 걸린 달그림자 쓸쓸히 돌아섭니다.

장맛비

당신의 가슴에 먹구름이 몰려오나요
저린 가슴 꽃잎처럼 떨리고
오열은 장맛비 되어 쏟아질 듯
기웃대는 당신의 모습
그렇게 힘들면 쉬어 가셔요

일 년에 한번쯤은
한풀이 하는 것도 좋을 것 같네요
쌓인 먼지 빗속에 날려 보내면
가슴이 시원하답니다

또 남은 것 있는지요
떠나지 못하는 당신

칠월 장맛비에
흠뻑 젖은 나리꽃
뒤돌아서 또
눈물 훔치나요

잠 깨면 아침이다

바람 타고 길을 나섰다

가을은
팔공산 단풍나무 잎사귀에
진한 꽃물 들이기에 바쁘다

갓바위 돌부처님은
눈 감고도 신통력이 있는지
소원을 안고 찾아오는 이들로 온 산이 물든다
단풍잎 닮은 촛불은
먼 산만 바라본다

바람이
기도하다 졸고 있는 여인을 깨운다
아침이라고

시절 인연

서진산 산자락에
바랑 메고 가시는 스님
인연 따라 바람 따라
언제 또 오시려나

구름 가듯 물 가듯
흐르는 걸음마다
아련히 피어나는
부처님의 인연법

상구보리(上求菩提)
하화중생(下化衆生)
부처님의 정법
대보리심(大菩提心)

눈감으면 켜켜이
마음으로 울려오네

적요의 빛깔

아카시아 향 가득한 인촌리
안산 중턱은 아늑하다
세종대왕의 열여덟 왕자
우측에는 적자, 좌측에는 서자들
탯줄에서 이어져 나온 오백 년
눅눅한 서열이다

여태 말린 속눈물이
맑고 맑은 법고 소리에 닿을 때
울산 반구대 암각화를 떠나온
향유고래의 울음소리
안산 태실 골짜기로 퍼져
얼룩진 빛깔로 자라난
잡풀들 바람에 날리며 섰다

서진사의 법고 소리
적요한 빛깔을
온 세상에 흩뿌리고 있다

사월 초파일

늘 그렇듯
오늘 아침에도 거울 앞에서
엉클어진 머리를 빗었다

바람 한 줌 없는 초여름 날씨
석가여래가 태어나신
사월 초파일이다

머리 빗는 한 동작에
스님의 법문 소리는 뜬구름 같이 들리고
흘러내리는 땀방울
빗은 머리 밑뿌리를 적신다

도솔천을 건너는 빗살은
경전의 활자 세세한 삐침들
낱낱이 쓰다듬던 먹물의 노고를
기억하는 중일 것이다

문득 어둑해지는 하늘에
천둥 번개 소리 나더니
뜰 앞에 득달하는 소낙비 사이로
연등이 둥둥 떠오른다

빗을 갓 빠져나온 머리칼처럼
수만 헝클어짐들이 펴지는 소리로
툇마루 건너 마당 가지런하다

산내음

서진산 작은 암자, 봄바람에 매화꽃 철쭉꽃들이 너울너울 짝을 지어 춤을 춘다. 산사의 어스름 저녁, 울긋불긋 연등 옆에서 부처님 오실 날을 기다리는 싸리꽃, 환하게 길을 비추고 있다.

작은 음악회에 사람들이 모여든다. 꽃샘바람은 산사에 가는 길을 더디게 하는데 할미꽃은 허리를 잡고 손짓을 한다. 산사의 찬불가 소리는 너울너울 산내음 속으로 퍼진다. 사람들의 몸은 냉기를 느끼고 코끝이 시려도 흥겨운 음악소리에 장단을 맞춘다. 향기는 마음과 몸이 하나 되었다. 어느새 패랭이꽃같이 다닥다닥 붙어 있는 사람들, 꽃동산이다.

골담초, 철쭉꽃들은 꽃샘바람의 울타리 되어 해맑게 올려보며 영산홍에게 함박웃음 터트린다. 중년의 여인, 업을 지고 오는 무거운 발걸음에 개 짖는 소리 멀리 들린다. 뒤뜰에서 지장부처님, 내생에서 고통받는 넋들을 다독인다. 울려퍼지는 음악소리와 함께 산내음이 허공 속으로 날아간다.

연밭에서

진흙 뻘물 위
고요히 앉아 있는
고통을 안고도
의연히 하얀 이 드러내고 웃는
세속에 물들지 않고
아침이슬을 연잎에 받쳐 든
하얀 연꽃송이는
관세음 부처님

백련,
삶에 힘겨워 기우뚱대는 사람들에게
연대(蓮臺)는 공(空)이요
뿌리도 공(空)이요
세상의 모든 것이 공(空)이라
연꽃으로 세상을 밝히리라
무언의 말씀, 귓전에 울린다

요가 교실

요가 하는 날은 늘 허둥댄다

조용조용 살며시 문을 여니 명상을 하고 있다
자리에 좌정하고
배꼽 위 양손을 포개어 엄지를 붙였다
입을 다물고 코로 숨을 깊이 들이쉬고
내뱉고 반복하면서 호흡과 마음을
안정하면서 명상에 들었다
가슴이 격해진다, 아침에 아들에게 매정하게
소리친 게 마음에 걸려 눈물이 나기 시작한다
금세 후회할 일을 되풀이하며
아등바등 사는 나의 모습이 보인다

복식호흡을 한다
집중을 해보지만 금방 산만해진다
요가의 동작을 애써 반복한다
삼매경의 품에 안겨 든다
낯익은 얼굴들이 웃고 있다

새가 되어 하늘 위로 날아간다
물 위에서 춤을 춘다
엉덩이를 내민 거북이가 가쁜 숨을 내쉰다

휴대폰을 울리는 음악소리
요가의 성 안에서 명상이 도망치고 있다

명상을 하면서도 허둥대는 날이다

일식

지구 궤도는
온 하늘을 빙글빙글 돌게 하는데
하늘은 끄떡도 않네
달그림자 등 뒤를 따라오는데
해는 그를 쳐다보며 배시시 웃고 있네

제 불타는 뜨거움에 취해
앞이 가린 줄도 모르고
한눈팔다가
밀어 올리는 힘을 어찌 당하랴

때가 되면
금환일식 되어
해와 달
견우와 직녀가 만난 것처럼
불같은 사랑을 할 거네
일식이든 월식이든 상관 않겠네

콩깍지

풀잎 같은 콩꼬투리
정성으로 익었는데

피 터지는 소리
속으로 감춘 까만 콩알들
돌아보면
생살 타는 연기 같은 세월
속엣것 다 털어내고

주름 잡혀 말라버린
속 빈 콩깍지
바람 불자
스스로 몸을 실어 떠난다

가을 호수를 바라보다

안압지
색색 단풍잎들이 줄을 서 기다리고
물밑에 노니는 잉어
연잎에게 장난질을 하고

조롱박 닮은
큰 단풍잎은 노랑 빨강 파랑
순서대로 호수에 몸을 띄운다

대숲들
가을 석양을 올려보며
병풍처럼 꼿꼿이 버티고 서 있는데

회색 머리 펄럭이는 여자
석양의 뒤에서 시간을 잡지 못하고
살기 위해 사는지
죽음을 기다리며 사는지
공허한 눈빛으로 가을 호수를 바라본다

서리꽃

베란다 유리창에 새겨진
수정 파편 조각들이
중천에 해 돋자
눈물을 흘리기 시작하네요

당신은 사라지는 것이 아니고
바람에 날아가려고
온몸을 푸는 것 아닌가요

당신의 머리 위에
부챗살 같은 햇살들이
우수수
가슴을 타고 미끄러지네요

한 세월 달려왔더니
나의 머리 위에도
녹을 줄 모르는
서리꽃이 피었어요

겨울 강

달빛 내려서는 민얼굴 아래
말없이, 말없이 흐르던 강물아
힘들었는가,
꽁꽁 얼어버린 너의 가슴
서러웠던 지난 일들
내색 한번 못한 것들에
목이 쉬도록 울고 싶었는가

달 이울고 캄캄한 밤
강가의 마른 나뭇가지
서걱대는 소리에는
살얼음이 잡혀 있다
허우적거리던 날들이 붙들려 있다

하늘로 오른 겨울 강은
셀 수 없도록 많은 별들이 되어
쭈뼛쭈뼛 날을 세우고
언 가슴 가득히 쏟아져 내린다

이탈의 시간

성난 바람에 떠밀리어
찢어진 우산 속의 본존불
살쾡이에게 할퀸 슬픈 기억에 비틀거리고
소낙비가 물기둥 되어 쏟아진다

아파하는 본존불에게
토함산 너머까지 걸터앉은 무지개 사다리
천장에 붙어 있는 연꽃들이 빙빙 돌며 춤사위를 한다

가을바람에 상처 난 노란 모과 연등처럼 환하다

십일월 중순인데
누가 세월을 이만큼 먹었는가
내년 달력이 벽에 서 있다

연날리기 1

강둑에서 남자는 가오리연을 날렸다
떨쳐버리려는, 쇠심줄보다 질긴 인연을
연에 담아 얼레실 모두 풀어 하늘 높이 올렸다
유리 가루 먹인 연줄, 억지로 끊어서 띄워 보냈다
내쳐진 연 꼬리가 파르르 떨며 구름 사이로 사라진다
뒤돌아보지 않고 떠나는 여인의 찬바람 감도는 모습처럼
시리게 파고드는 강바람 사이로
얼지 못한 겨울 강의 흐느낌 소리 들린다
겨울 철새 한 마리, 긴 목을 빼고
달아나는 연을 쫓아 날아오른다

연날리기 2

어릴 적 정월이면 연날리기를 했다
동화 같은 소원을 연에 실어 연줄을 잡고 냅다 달렸다

바람은 조금씩 신음을 하고 연은 자꾸만 곤두박질쳤다
동생의 연은 하늘 높이 날아가면서 벙글벙글 웃고 있었다
한 발 뒤로 물러나 다시 얼레의 실을 감고 풀고,
연실에 베인 손가락에선 피가 배어 나왔다

동생의 연을 바꾸어 날려 보았다
얼마간 떠 있는 것 같더니 금세 허둥대기 시작했다
다시 동생의 손이 가자 연은 하늘하늘 제자리를 잡았다

늦게야 알았다
연에게는, 내가 실은 소원이 너무 무거웠다는 것을

석류

한여름
뜨거운 햇살에 달아오른 석류를 본다
수줍은 듯 꼭 다문 입술
염낭 같은 갑옷 속에
서로 꼭꼭 껴안고 들앉아 있는
하얀 수정 같은 석류 알

은실에 수정 알을 꿰어서
염주처럼 굴리면
달그락 달그락
지상에서 가장 맑은 소리가 날 것 같다
목탁소리가 날 것 같다

하얗게 반짝이는 소리, 소리들
영혼의 깊은 잠을 깨우며
목탁 속을 돌아 나올 때
십겁을 건너오시는 서방정토
아미타불의 현신

제3부

물드는 것이 아름답다

빨래

긴 잠에서 깨어난 봄볕
해묵은 김칫독 씻어버리고
새 김치를 담근다

무거운 겉옷 벗은 매화나무 꽃망울
하늘빛 올려보는데

눈처럼
창백한 마음을
햇볕에 곱게 다림질하면
날개 큰 새가 되어 날아간다

꽃샘바람

다정한 봄날에
꽃샘바람 헐레벌떡
어디로 가신다구요
멀리 바다 건너간다네

저도 따라 갈래요
자네가 낄 자리 아니네
며칠 있다 다시 올게요
기다리지 않을 거네

이미 자네 자리 아니네
봄날이 와 있다네

청보리밭

고운 바람기 속에
청보리밭으로 내리는
봄비는 참빗이다

푸른 바다의 머릿결을
탐스럽게 빗겨
들판 가득 비스듬히 누이는
큰 참빗

고물고물 털 강아지 얼굴 부비는
물에 젖은 소리가
참빗, 빗살 사이로 빠져 나오자
빗살 끝에서부터
파아란 물이 들고 있다

사람들의 살갗에도 청보리
고운 물이 들고 있다
길고 가는 참빗 빗줄기 사이

봄

벚꽃 핀 섬진강이
칠곡군 왜관읍 매원리
길가에도 흘러든다
가로수 사이사이에서
꽃잎들이 활짝 웃으며 반긴다

그 길에 든 사람들은
꽃망울의 향기에 코를 대고
조만간 섬진강이
바다에 흘러들기 전
마지막 숨 고르고 있다

매원리 벚꽃이 내게 안겨준 건
그냥 그런 봄이 아니다
고단한 물굽이 흘러온
재첩의 살점 같은
슬픔의 빛깔 녹아든 얼굴이다

봄비 오는 들길을 가면

봄비 오는 들길에
작은 들꽃들 해맑은 얼굴

잎사귀마다 무늬가 다른 꿈들
들길 화선지에 초록 물감을 뿌리고 있다

돌부리에 외로이
아기 부처처럼 앉아 있던 민들레

어느새
벌 나비 날아와
노랑 꽃망울 속
헤집고 있다

꽃에도 그늘이 있다

봄이 달려왔다
고목의 벚꽃나무 둥치에도
꽃잎들이 하얗게 매달려 있다

즐겁게 웃으며
향기만 내는 줄 알았는데
수런수런 오가는 말들이 많다

시들어 고개 숙인 얼굴들
어제까지 화려함 속에
작은 바람에
나부끼던 그늘이
어느새 낙하한다

한세월 곱게 웃던
꽃에도 그늘이 있다

아카시아꽃

아카시아 숲속 무성한 꽃 주저리
가시 박힌 몸에서 핀다

망울망울 터지는 하얀 신음소리
까르르 퍼지는 꽃바람

저녁노을 젖어드는 산속

갈 길 바쁜 길손의 등짐 위
오월의 끝자락이 매달린다

찔레꽃

찔레꽃 향기 바람에 실려
산중턱 마루에 걸려 있고
사잇길 모퉁이에서
땅찔레 찔레찔레 뻗어 나간다

청상(靑孀)의 하얀 치마 같은 꽃망울을
가시로 받쳐 든 잎사귀에
아기별들이 조르르 내려와 앉는다

비켜서 있는 봄날은
산 아래 나물 캐는 계집아이
치마 속에 숨는다

물안개를 스캐닝하다

면사포 쓴 신부
안개꽃 부케가 눈부시다

꽃잎 잔잔히 깔려 있는
구름 사이에 향기 피어오른다

안개 속으로 피어오르는 꽃들
올려보는 메기 입술이 벌어진다

메기는
물속을 헤엄치며 살아온 기억들을 스캐닝한다

풀잎

강둑 길옆
비스듬히 엉겨붙은
거북이 등껍질 같은 땅

이름도 없는 풀잎
서로를 보듬고 졸고 있는데
바람이 살며시 깨운다

눈을 뜬 얼굴엔
이슬방울 맺혀 있고
둥근 하늘이 들어와 있다

그대 향해 설 수 있다면
나는 버티어 내리라

보이지 않는
풀잎의 입속에는
파란 오기 같은 것이 물려 있다

가문비나무

기다려도
기다려도
하늘에 닿도록 기다려도

아무도 몰래
방울 같은 등을 내거는
나는 늘 혼자이다

대숲

대숲에
장대비가 쏟아진다

어린 이파리 파르르 떨며
속엣것 다 내어주고도
속죄하는 대나무들에게
장대비는 온종일 매질한다

칡넝쿨이 가시덩굴처럼
칭칭 밟고 올라설 때
대숲의 신음소리 끊일 줄 모르더니
너의 몸뚱이 시퍼렇게 멍들었구나

숲속 건너에서 불어오는 청정한 바람
아련한 노랫소리로 대숲을 다독인다

물드는 것이 아름답다

지난여름 폭염에도
바람은 세월을 만들었는지
어느새 가을 산에 불이 붙었다

가슴의 열기를 빼내느라
빨간 단풍잎이 흘러내린다
만지면 손에 물이 들까 싶다

강둑길
저녁노을에 온 하늘은 물들었다

강물에 비친 빠알간 노을
가을바람이 강물에 안긴다

석양

낙동강변 둑길에는
가을 석양이 까르르 쏟아져 내리고
들꽃들은 듬쑥듬쑥 힘없이 누워 있다

기러기 떼 끼룩끼룩
창공 너머로 날아가고
참새들은 깊어가는 가을을 등에 업고
저녁 먹이 쪼아댄다

고요히 흐르는 저 강물은
황혼의 가을을 차곡차곡
말없이 담고 있다

저문 가을

겨울을 재촉하는 비가
추적추적 종일 내린다

떨어진 잎들 깊이 젖는다

수심 깃든 길바닥으로 들러붙는 어제가
젖어서 밟히는 거리의
어둠살이 내리는 저녁에는
회색빛 그리움도 젖는다

버려진 것들이 쓸쓸하게
낮은 곳으로 떠밀려 가는
저문 가을
건너편의 빈 의자가 허전하다

모과

노랗게 감싼 피부
울퉁불퉁 모과의 몸에서 향기 난다

지난여름 태풍에
군데군데 패인 흔적도
상큼한 향으로 껴안고

늦가을 밤에 내린 서리에
젖어 있는 모과는
또 누구의 쉰 목을 가라앉혀 줄까

갈대

쭉 뻗은 허리
갈색 머리칼 풀어 헤치고
온몸으로 춤을 추는
갈대
먹은 맘 없이
서걱서걱 웃고 섰다

칼바람 부는 겨울이
그 누구의 탓도 아니라고

야경

하늘이 내려와
출렁이는 별밭이다

꽃망울 터지듯
붉고 긴 벌레들
끝도 없이
고물고물 기어 나온다

닿을 듯 말 듯한
꽃잎
붉은 입술과 입술들

제4부

어느 곳에나 있고 아무 데도 없는

어느 곳에나 있고 아무 데도 없는

겨울도 오기 전에 불쑥 찾아온 첫눈
떠나지 못한 가을이 흩날린다
앞집 석류나무에 몇 개 남은 빨간 석류
머릿속이 어지러운지 담 넘어 떨어진다

손가락을 감싸고 있는
엄마의 칠순 때 해드린 금반지
그 존재의 사랑이 부재가 되고난 후
내게로 왔는데

어느 곳에나 있고 아무 데도 없는
당신

소낙비가 그리운 날이다
옛집에 머무는
가을 끝자락이 저 혼자 구시렁대니
앞선 겨울이 뛰어오는 것이다

월동 준비

어머니
겨울이 올라치면
뒤주마다 쌀을 가득 채우고
구공탄도 가득가득

동치미 담그시고
김장 김치도 항아리마다
꼭꼭 다져 넣고
모자랄까 싶어
무시래기 배추시래기 새끼줄에 매달아
뒤꼍 담벼락까지 널어 말리고

휴, 이제는
세상 다 산 사람 같던 한숨

어머니의 부산했던 초겨울
늦게야 알았다
월동 준비인 것을

자작나무

자작나무야
북서풍 칼바람에 잎사귀 멍이 들어
창백한 모습 허기진 아픔에도
너의 곧고 바른 모습,

어머니의 젖줄 같은 수액은
숲 사이로 젖어들어
하얀 눈물로 흐르는데
꽃술은 향기가 없구나
너의 한풀이던가,

산허리 풀섶에 피는 제비꽃과 벌 나비들,
어머니의 모태와 같이
그들을 지켜주는 자작나무

너의 꿈이 키와 같이 하늘 높이 자랐구나
너는 나의 어머니를 닮았구나,
자작나무야

비누거품

창가에 비켜 앉은
그믐달의 허리쯤에 별들이 앉아 있다

샤워기에 매달려 흐르는
물줄기 사이로
노모의 흰 머리카락 듬성듬성 빠졌었지

겨울 꽁꽁 언 비탈을 버텨온 디딤돌
굽은 허리, 바람만 불어도 시려오는 수족
셀 수 없는 꿈들이
따스한 물속에 씻겨 나왔던 걸까
바닥에 하얀 비누거품 흥건히 부풀다가,
금방 잦아들었지

내일은 머리 염색이라도 해 드려야겠다고
생각만 하다가 지나쳤지
부풀다가 사라지는 비누거품인 양

별처럼 초롱초롱한 후회가
해 늦은 그믐밤까지 따라오고 있다

가랑잎 소리

색 바랜 마른 몸
어머니의 은빛 머리
갈바람 지팡이에
옮기는 발자국 소리
가랑잎 소리

감나무에
달린 빨간 홍시
대롱대롱
갈바람 속에 날려가는
가랑잎 소리

어머니의 웃는 얼굴에
소리 없이 부서지는
가랑잎 소리

기차표

어머님은
서울 가는 기차표를 줄을 서서 샀다
기차를 타려 했지만
제 시간에 타지 못하여 기차는 떠나버렸다
차표만 쥐고 돌아온 어머니, 기차를 타지 못한 꿈 이야기
"차표 다 닳겠네" 십여 년 넘도록 그 말씀만 하셨다
"어미야 어제 저녁에는 기차를 탔니라"
"어머님 서울 갈 일 있겠네요"
"서울이 아니고 곧 너희 시아버지 계신 곳에 갈 거 같다"
어머님의 얼굴, 불다가 만 풍선이다
몇 달이 지나고,
아침 산책 가신다면서
무지개 열차 타고 아버지한테 가시었다
십여 년 갖고 다니던 구겨진 꿈속의 차표만 가지고

회상 1

물안개 자욱한 은행나무 거리
갈래머리 여고생
추적추적 내리는 가을비 맞으며
바닥에 떨어진 노란 은행잎
안쓰러워 주머니에 주워 담았다

젖은 바람에 열매들의 몸부림이
노란 잎 사이 구르고
단별인 교복, 비에 흠뻑 젖은 채
집에 오니
할머니는
“내일 당장 학교에 뭘 입고 갈 거고”
빗자루로 흠씬 맞았다

은행잎 한 잎 두 잎 줍고 있는 늙은 여자
가을바람이 몸을 뒤틀며
지난 시간 멀리로 맴을 돈다

회상 2

주전 몽돌 바닷가에 소금 비가 내렸다
해변에는 까만 몽돌들이 파도에 밀려
서로 부둥켜안고 떨고 있었다

파도는 몽돌을 삼키고
바닷바람은 몽돌을 울리고
봄비는 몽돌에 묻은 모래를 씻겨주었다

그날
데리고 온 까만 몽돌 두 개
화장대 위에서 매일 나를 바라본다
곤해서 누워 있는 나를
빤히 내려다보며 웃고 있다

해마다 가을이 오면
주전 해변의 몽돌들 모습 아른거린다

겨울 일몰

동지섣달 어느 해
나는 뛰어야만 했다

누가 등 뒤에서 소리쳤다
일등을 해야 된다고
어디가 골인 지점인지 몰랐다

뒤돌아보면 영영 돌아오지 못할 것 같아
앞만 보고 죽을힘을 다해 뛰었다

등짐 아래 흐르는 땀에서 도랑물 소리가 났다
너무 힘들어 멈추고 싶었다
기력이 쇠잔해서 쓰러질 것 같았다
쉬지 않고 달렸기 때문이다

숨도 차고 목이 말랐다, 쉬고 싶었다
조금만 참으면 완주가 나를 기다리고 있을까
어렴풋이 그런 생각을 했었다

시집살이

그녀는 시집을 갔다
이른 나이에 등 떠밀려
돌밭길 너머로 시집을 갔다

넘어지면 안 된다는
어머니의 당부를 꺼내 보고 들으며
시집살이 삼 년 동안
들일 집일 모두 해냈다

우는 아이 등에 업고
첫 친정 가던 날
바짓가랑이 둥둥 걷고
맨발로 절뚝거리며 돌다리를 건넜다

돌아보는 돌밭길, 멀리까지 돌도 많았다

가을 햇살

그와 나
기차를 타고 계곡을 넘어
다시 캄캄한 굴 속을 지나니
푸른 초원이 기다리고 있었다

역방향으로 달리고 싶은 남자의 마음을
나비 한 마리가 유혹한다
붉은 노을에 비친 차창 유리에는
해바라기가 고개를 떨군다

숨어 있던 가을 햇살은
선로의 평행선을 붉게 비추고 있다

미나 리

나리 나리 개나리
손짓하는 봄의 물소리

엄마의 자궁 속
봄의 가녀린, 속삭임 소리
아기는 듣고 있다

그리움에 속앓이를 하는 나리꽃
엄마의 양수에서
노란 물소리 듣는다

아기는 눈을 뜬다, 부르는 소리에
미나 리야

왜관역

왜관역 대합실
시계만 자꾸 쳐다보며
초조하게 기다리는 어머니
군에 간 아들 첫 휴가 온다는 소식에
가슴은 두방망이질 하는데
느림보 기차는 오지 않는다
'지연'이라는 문자가 전광판을 스쳐간다

벽시계 무거운 분침이 반 바퀴나 돌고
늦게야 들어오는 기차의 허리
할미꽃같이 휘어져 꼬리가 길다
쏟아지는 사람들 사이로
먼발치에서 새카만 군인
배낭을 어깨에 메고 뛰어온다
어무이요……
우리 아들 맞나, 얼싸안으며
아들의 얼굴을 이리저리 돌려본다
고생 많이 했제

소리가 나오다 말고 목에 걸린다

허리를 편 기차가 슬금슬금
기적소리를 울린다
썰물처럼 사람들이 빠져나간 대합실이
휑하다

울

설 명절에 올망졸망
손자들 데리고 아들 내외 다녀갔다

든든한 울타리의 거처는 멀리 있다

어릴 때 외갓집 가면
가시나무 담장 너머로
펄쩍 반기던 외할머니 모습

냇가에서 잡은 골뱅이 삶아
쪽마루에 앉아
쏙, 빼주시던 등 굽은 노인

나도 그때
아쉽게 떠나는 울타리였겠지

회복실

매달린 통증 때문인가

옆구리에서 핏물이 호스를 타고 내리고
고통이 풍선처럼 부풀었다 꺼진다

그녀의 눈에서 눈물이 힘없이 흐르고
몸은
땅밑으로 끝없이 곤두박질치고 있다

늪에서 땅 위로 올라오는
봄날의 아지랑이가
가물가물 그녀를 깨운다

오월의 창

온몸으로 땅 깊은 물을 퍼 올리는
나무들이 파란 잎새 흔들며
연둣빛 휘파람으로 오월을 부른다

심장판막 수술을 하고
집요하게 의식을 끌어 올리려 애쓰는 그녀
푸른 오월처럼 심장이
다시 뛰기 시작한다

병실 창밖의 늙은 은행나무
꺾인 가지 사이에도 초록 잎이 돋아 있다

문틈 사이 연록의 싱그러운 바람
성큼 들어서는
석양으로 물든 그녀,
물버들 같은 생이
오월의 창으로 달려온다

새봄이 온다

겨울 끝자락 뒷걸음에 채여
고요하다 못해 적막한
올림픽대교가 병실 창 너머에 걸려 있다

해진 육신 구석구석의 찌꺼기들
저 먼 곳으로 곰삭은 추억이 흩어진다

피다만 매화가
싸락눈에 덥혀 고개를 숙이는데
문틈 사이 비집고 들어오는 바람
봄을 안겨준다

철길

당신과 나
선로의 평행선

한 선로가 휘어지거나 기울어지면
기차는 달릴 수 없었겠지요

당신과 나
선로 아래 짓눌리는 버팀목이 되었기에
아들과 딸들은 기차를 타고
거침없이 달리고 있습니다

기차는 우리의 삶이고 인생입니다

시간이 흐르고 세월이 지나
힘이 다할 때까지
철길 평행선처럼 마음을 보듬어요

기차가 달리는 기적소리는

우리 아이들의 웃음소리

선로에는 언제나 쉴 수 있는
우리들의 정거장이 기다립니다

파란 눈 속의 봄

바다 건너 멀리 시집간 딸내미
수정같이 맑은 눈
인형같이 작은 아이

딸내미를 꼭 닮은 아이
삶의 첫발을
꽃바람 타고 아이는 태어났다

겨울을 끌어안은 동장군의 심술은
봄의 햇살에
안절부절 못하더니
멍하니 비켜선다

봄은
이미 파란 물감으로 어우러져
막 태어난 아이의 눈 속으로 들어가
눈동자가 되었다

해설

일상의 뜰에서 캐내는 순백의 결정체들

— 이연주 시인의 시세계

김종섭(시인·한국문협 부이사장)

1. 머리글

시란 시인 자신의 꿈과 현실이 배어 있는 자기표현에 다름 아니다. 그렇기 때문에 비록 난해한 시가 아무리 감추고 비틀고 낯설게 장치한다 해도 찬찬히 읽어보면 그 시의 주인공인 시인의 삶이 고스란히 드러나기 마련이다. 더욱이 시가 주관적 문학임에랴.

이 시집의 지자 이연주 시인은 프로필에 소개한 대로 지명(知命)을 거쳐 이순(耳順)의 중반을 넘어선 나이다. 굳이 생(生)의 연륜을 말씀드리는 것은 이 시인의 시가 결코 감정의 유희에 빠져 있다거나, 소녀기의 보랏빛 로망에 싸여 공허한 언어의 관념에 젖어 있다거나, 현학적 미사여구에

도취되어 있다거나 하지 않은, 그 어떤 말이라도 새겨서 이해할 수 있는 '이순(耳順)'의 진의를 제대로 받아들일 줄 안다는 것이다.

그렇기 때문에 그의 시가 독자들에게 던지는 메시지는 설익은 감정의 잔재이거나 공허한 낭만의 침전물이 아니라는 것이다. 그 연륜의 두께만큼 집적된 시인의 인생 여정이 담겨 있는 수기요, 자서전이라 해도 결코 지나친 말이 아니리라.

2. 삶을 통해 터득한 세계관

시인이 직접 철물점을 경영하고 있는지는 모르지만, 분명한 것은 시적 화자의 직업이 철물점과 관계된 생활을 하고 있음을 보여주는 작품을 통해 철물점의 풍경과 특성을 생생히 꿰뚫어볼 수 있다는 점이다. 이 시집에서 맨 먼저 만나게 되는 작품을 보자.

어둠 속에서 기다리고 있다
뾰족한 날을 세우고
살 속에 깊이깊이 파고들
순간을 노리고 있다

날카롭게 소름 돋는 정적이
새벽안개처럼
우리 사이를 흐르고 있다

푸른 날들에 박힌
분홍의 못 아직 그대로인데
더는 들이고 싶지 않은데
자꾸 가까워지는 시퍼런 천공
어둠 속에서 다가오고 있다

—「못」 전문

나는 이 작품들을 대하면서 적이 당혹했다. 늦게 입문하신 주부시인에 대한 잘못된 선입견 탓인지도 모르겠지만, 흔히들 여성시인에게서 자주 발견되는 서정적 연애시나 낭만적 생활시의 모습을 찾아볼 수 없는, 시의 소재와 주제 그리고 표현기법을 가지고 있음에 놀란 것이다. 그만큼 이 시인의 사물시가 내가 기대했던 이상의 가편이었음을 인정하지 않을 수 없을 것 같다.

「못」의 소재가 된 '못'은 중의적으로 해석될 수 있게 장치되어 있다. 표면상으로는 물체와 물체, 즉 나무와 나무를 연결하는 못의 기능과 역할을 드러낸 듯하지만, 내면적으로는 존재의 관계를 나타내고 있음을 알 수 있겠고, 좀 더

확대해본다면 긴 세월을 버텨온 부부의 운명적 상황을 그려내고 있음이 아닌지? 이를 뒷받침하는 구절들은 매 연마다 발견되고 있으니, "살 속에 깊이깊이 파고들", "날카롭게 소름 돋는 정적이 …중략… 우리 사이를 흐르고", "푸른 날들에 박힌/분홍의 못 아직 그대로인데" 등이 그것이다. '못'이라는 객관적 상관물을 통해 시적 화자의 운명적 관계를 이렇게 객관적으로, 그러나 너무나 절실하게 그려낸다는 게 연륜이 쌓이지 않은 시인에게서는 볼 수 없는, 엄청난 내공력이라 하겠다.

물때처럼 자욱이 안개가 밀려오는 새벽
삐비빅 무거운 셔터소리 울리면
눈 비비며 들어서는 잠이 덜 깬
작업복 차림의 인부들

갑자기 흥분하는 철물들
이 구석 저 구석에서 푸르른 몸을 떤다
쾅쾅 못 박고 싶은 망치
때려주는 만큼 깊이깊이 파고들고 싶은
못 옆에서
흩어지는 허섭스레기들 칭칭 동여매고 싶은
철사가 몸을 비틀고 있다

집어수기를, 쓰이기를

저마다 선택을 기다리는 저 아득한

눈길

—「철물점의 새벽」 전문

「철물점의 새벽」 또한 시선을 끌기에 충분한 작품으로 보인다. 차갑고 딱딱하고, 모나고 날카로운 각종의 철물들에게 감정을 이입하여 마치 욕망의 존재마냥 개개의 선정성을 드러내게 한다. "삐비빅 무거운 셔터소리 울리면", "갑자기 흥분하는 철물들/이 구석 저 구석에서 푸르르 몸을 떤다", "쾅쾅 못 박고 싶은 망치/때려주는 만큼 파고들고 싶은/못 옆에서", "칭칭 동여매고 싶은/철사가 몸을 비틀고 있다"며 마침내는 "저마다 선택을 기다리며 부릅뜬 눈길"로 끝맺으며 우리 인간들의 욕망을 은근히 꼬집으며, 질타하고 있는 것이다.

이같이 시인은 미미한 시적 오브제조차도 잘 조합하고 소화하여 시의 주제나 내용을 맛깔스럽게 만들어내는 솜씨가 여간 아니다. 그만큼 시인은 시적 감수성이 예민할 뿐만 아니라 시에 대한 배경지식이 넓고, 수사 능력이 두드러진다고 하겠다. 덧붙여 시인은 꽤 성능 좋은 망원경과 현미경을 가지고 있어, 보통 사람들이 예사롭게 보아 넘길 일이나 물건들도 예리하게 포착하여 우리에게 재미난 그

림들을 보여주고 있다.

나는 이연주의 작품들을 읽어보면서 시적 안목이 얼마나 넓으며, 또 얼마나 섬세한가를 확인할 수 있었다. 「숨은 바람이 잠들어 있다」에서는 골프를 치는 행위에서 팽팽하게 긴장되는 남녀 간의 심리상태를 보여주고 있음을, 특히나 남자의 바람기를 의심하는 여자의 질투심도 숨어 있음을 찾아낼 수 있겠다. 「옥탑방」은 흔히들 낭만적 공간으로 그려짐이 보통인데, 여기서는 공사 노동자의 절박한 삶을 '파란 불꽃'으로 형상화함이 돋보이고, 「지하철」에서는 단절된 현대인들의 소통부재를 꼬집고 있다. 「무료급식소」에서는 오늘날 화두가 되고 있는 노인들의 복지 문제를 되짚어보게 한다. 이처럼 시인의 관심사와 호기심은 다양하게 투사되고 있다.

「묵정밭 산딸기」를 보고서는 "잊힌 자가 버리고 간 어느 날의 흔적"을 찾아내고, 「돌밭」을 보고서는 "조상들의 넋이 머무는/깨어진 기왓장으로 돋은 파란 이끼에/꼬장꼬장 대쪽 같은 결기가 돎"을 느끼기도 하고, 「빗방울」을 보고서는 "비는 오래오래 내리달아야 방울이 된다/부서지기 직전의 짧은 순간/내리치는 번개 같이 잠깐 동안만/슬픈 방울이 된다"고 깨닫기도 한다.

3. 자연의 창을 통해 본 적요의 세계

'자연'의 사전적 의미는, '사람의 힘을 더하지 않은, 우주 사이에 저절로 된 모든 존재나 상태를 뜻한다'고 되어 있다. 인공을 더하지 않고, 그대로 자연스럽게 드러나는 아름다움, 자연미야말로 누구나 선망하고 선호하는 미의 온전함이 아닐까?

더욱이 미를 추구하고 창작하는 예술가나 문학인들에게 자연은 작품의 원천이요, 모태인 동시에 결국은 귀의처요 종착지인 것이다. 시인들 역시 자연을 통해 나를 보고, 자연을 통해 세상을 보며 우주와 대화하고 소통하며 교감하는 존재이다. 사람의 관계에서 상처받은 마음조차도 자연에게서 치유받을 수 있고, 마침내는 그 적요의 세계에 편안히 안겨들게 되는 것이다.

'무위자연'이란 말이나 '자연으로 돌아가라'라는 말을 굳이 내세우지 않더라도 오늘날과 같은 첨단과학시대, 물질만능사회, 무한경쟁체제에서 자연의 힘은 그만큼 소중하고 위대한 것으로 인식된다.

기다려도 기다려도
하늘에 닿도록 기다려도

아무도 몰래
방울 같은 등을 내거는
나는 늘 혼자이다

—「가문비나무」 전문

흔히들 서경(敍景)과 서정(敍情)을 얘기할 때 어느 것이 주고, 어느 것이 종인가를 따질 때가 있다. 명나라 때 사진(謝榛:1495~1575)은 그의『사명시화(四溟詩話)』에서 "경물은 시의 매체요, 정감은 시의 배아다"라고 말한 바가 있기도 하지만, 기실 서정과 서경은 수시로 혼재하여 '감정 속의 경물', '경물 속의 감정'을 이루는 병렬구조로 파악되고 있다. 이는 양자를 주종구조가 아닌 정경융합의 관계로 이해하면서 변화와 상상의 폭을 넓혀주고 있다. 이런 면에서 서경은 서정의 최선인 동시에 담론의 한 방법일 수도 있다고 하겠다.

아무려나 이연주 시인의 작품은 단순히 자연의 묘사에만 머물지 않고, 서경 속에다 서정을 담아 시인 자신만의 색깔과 형상으로 아름다운 서정을 그려내고 있음이 돋보인다.

「가문비나무」에서 시적 화자는 그리운 이를 애타게 기다리는 외로운 여인으로 그려내고 있다. 나무와 등을 내거는 사람, 즉 자연과 자아를 동일시하며 물아일체경을 노래하고 있는 것이다. 「잠 깨면 아침이다」에는 단풍든 가을에 철야불공을 드리러 갔던 시적 화자의 일상을 '바람'과 '단풍'이라는 자연물에 의탁하여 그려내고 있다. 이는 서정을 서경을 빌어 '경물 속의 감정'이 아닌 '감정 속의 경물'을 노래했다고 볼 수 있겠다. 「서리꽃」은 자연현상으로서의 의미와 흰 머리칼, 즉 인생의 연륜을 의미하는 중의법을 취하고 있는데, '정경융합'의 조화가 잘 이루어진, 단아한 작품이라 하겠다. 이 시는 4연으로 이루어져 있고, 전반부 2연은 서경을 그려내고 있으며 후반부 2연은 서정을 드러내고 있는데, 전체적으로 기, 승, 전, 결의 한시 절구형태와 유사하다. 결구에 해당하는 마지막 4연의 "한 세월 달려왔더니/나의 머리 위에도/녹을 줄 모르는/서리꽃이 피었어요"라는 부분에 와서는 이순을 넘어선 독자라면 누구나 공감하지 않을까 여겨진다.

아카시아 향 가득한 인촌리
안산 중턱은 아늑하다
세종대왕의 열여덟 왕자
우측에는 적자, 좌측에는 서자들
탯줄에서 이어져 나온 오백 년
누누한 서열이다

여태 말린 속눈물이
맑고 맑은 법고 소리에 닿을 때
울산 반구대 암각화를 떠나온
향유고래의 울음소리
안산 태실 골짜기로 퍼져
얼룩진 빛깔로 자라난
잡풀들 바람에 날리며 섰다

서진사의 법고 소리
적요한 빛깔을
온 세상에 흩뿌리고 있다

—「적요의 빛깔」 전문

동양에서 말하는 시의 어원을 '사(寺)'와 '언(言)'의 회의자로 해석하여 '절, 곧 부처님의 말씀'이라 등식화하기도 한다. 시란 불교에서 정법을 설하는 말인, 법어(法語)에 다름 아닐 것이다. 미사여구의 현란한 수사를 버리고, 말의 진수를 찾아 간단 명료하면서도 압축 함의된 진언임에 틀림없다.

이연주의 불교적 시편들은, 한결같이 적적하고 고요한, 산문이나 불당의 정적인 분위기를 자아내고 있을 뿐만 아니라 속세적 삶의 고단함과 혼란스러움을 치유해주는 자비로움의 온기가 느껴지는 작품들이다.

「적요의 빛깔」은 선사(先史) 내지 역사의 흐름을 씨줄로, 왕조의 태실과 산사의 법고 소리를 날줄로 교직한 '적요'라는 비단을 우리에게 보여주는 작품이다. 그 표현의 기법이 시각적 이미지와 청각적 이미지를 혼용한, 공감각적 이미지로 그려내어 입체감을 더하고 있다고 하겠다.

또 다른 시 「사월 초파일」은 시적 화자가 석가탄일을 맞아 몸과 마음을 정갈히 하고, 산사로 가기 전 단정히 머리 빗는 행위를 통해 석가세존의 탄신을 송축하는 법문을 받아들이는 과정을 그려내고 있다. '무더운 초여름 날씨'로 비유된 시적 자아의 혼탁한 심사를 '천둥 번개 소리'와 '소낙비'로 표현된 번뇌의 세정(洗淨) 과정을 거쳐, 드디어 '연등이 둥둥 떠오른다'는 법열의 경지에 이름을 보여주며, 마침내는 '빗을 갓 빠져나온 머리칼처럼/수만 헝클어짐들이 펴지는 소리로/툇마루 건너 마당 가지런하다'며 불심으로 충만한 극락정토를 보여주고 있다.

진흙 뻘물 위
고요히 앉아 있는
고통을 안고도
의연히 하얀 이 드러내고 웃는
세속에 물들지 않고

아침이슬을 연잎에 받쳐 든
하얀 연꽃송이는
관세음 부처님

백련,
삶에 힘겨워 기우뚱대는 사람들에게
연대(蓮臺)는 공(空)이요
뿌리도 공(空)이요
세상의 모든 것이 공(空)이라
연꽃으로 세상을 밝히리라
무언의 말씀, 귓전에 울린다

―「연밭에서」 전문

흔히들 연꽃은 불교의 상징으로 알려져 있다. 부처의 탄생을 알리려 연꽃이 핀다고 믿었고, 극락에서는 모든 신자가 연꽃 위에서 부처로 태어난다고 확신했다. 이러한 연꽃은 진흙물 속에 피면서도 물에 젖지 않고, 꽃과 열매가 동시에 피고 맺는 두 가지 속성을 지니고 있다.

이러한 연꽃의 의미를 알고 있는 시적 화자는, 이미 "세상의 모든 것이 공(空)이라/연꽃으로 세상을 밝히리라/무언의 말씀, 귓전에 울린다"며 불자로서의 도리를 터득하고 있는 듯하다.

이밖에도 불교적 주제를 다룬 작품이 여럿 보이는데, "흐르는 걸음마다/아련히 피어나는/부처님의 인연법"을 말하는「시절 인연」, "업을 지고 허덕이는 영혼의/깊은 잠을 깨우는 낭랑한 소리"라는「석류」, "울긋불긋 연등 옆에서 부처님 오실 날을 기다리는 싸리꽃"을 노래한「산내음」, "가을바람에 상처 난 노란 모과 연등처럼 환하다"라는「이탈의 시간」 등이 그것으로 시적 자아는 매사를 자비로운 불심에 젖어 살고 있는 듯하다.

강둑에서 남자는 가오리연을 날렸다
떨쳐버리려는, 쇠심줄보다 질긴 인연을
연에 담아 얼레실 모두 풀어 하늘 높이 올렸다
유리 가루 먹인 연줄, 억지로 끊어서 띄워 보냈다
내쳐진 연 꼬리가 파르르 떨며 구름 사이로 사라진다
뒤돌아보지 않고 떠나는 여인의 찬바람 감도는 모습
처럼
시리게 파고드는 강바람 사이로
얼지 못한 겨울 강의 흐느낌 소리 들린다
겨울 철새 한 마리, 긴 목을 빼고
달아나는 연을 쫓아 날아오른다

—「연날리기 1」 전문

전문이 겨우 10행으로 되어 있지만 긴 감동의 여운을 주는 작품이다. 연 날리던 유년의 추억과 더불어, 이루지 못한 소녀기의 꿈과 아쉬웠던 청춘기의 동경과 사랑까지도 반추케 하는, 그런 울림을 주고 있다. 전반부의 '하늘로 날아가는 연'이라는 상승의 이미지에 대응한, '뒤돌아보지 않고 떠나는 여인의 찬바람 감도는 사이로/얼지 못한 겨울 강의 흐느낌 소리 들린다'는 하강적 이미지는 이 시의 백미가 아닌가 한다.

아무려나 이는 이루지 못한 인연을 떠나보냄에 대한 아쉬움과 그리움을 드러내는 '고요한 회상'의 범주에 드는 서정이라 하겠다.

4. 자연의 빛, 그 찬란한 신기루

제3부에 실린 작품도 제2부에 담긴 시들과 마찬가지로 그 제재를 자연에서 구한 것들로 엮어져 있다. 우리 인간의 삶은 자연이라는 환경 속에서 이루어지고 있어 자연의 구속과 제한, 그리고 자연의 변화와 혜택에 영향을 받고 있다. 시인을 비롯한 모든 예술인들의 창작품도 당연히 자연의 특성과 진면목이 작품 속에 녹아 있기 마련이다. 인공의 가식을 덮씌우지 않은, 자연 그대로의 모습과 자연의 순수한 서경을 담아내는 것, 이 또한 모든 시인들이 누리

는 특권이 아니겠는가?

이연주의 자연을 소재로 한 작품 중에는 '봄'을 노래한 것들이 상당수 보인다. 시를 읽어보면 절로 생명의 환희와 희망을 느끼게 되고, 우리 스스로 음울의 고소로부터 탈출하려는 욕망을 가지게 될 것이다. "꽃샘바람"을 따라가면 어느덧 "봄날이 와" 있고, 춥고 길었던 겨울의 때를 씻어내는 여인의 "빨래" 작업은 자연물에도 전이되어 "무거운 겉옷 벗은 매화나무 꽃망울"이 "하늘을 올려 보게" 한다. 특히 「청보리밭」은 그 표현에서 빌어 온 보조관념들인 "고운 바람기"와 "푸른 바다"와 "봄비" 그리고 "물 젖은 털강아지"를 거쳐 "머릿결을 빗기는 빗살"에 이르는, 그 연상기법이 여간 빼어난 것이 아니다. '청보리'의 시적형상화는 참으로 신선하다. '봄'이라는 절기를 자연적 현상으로만 그리지 않고, 특정한 공간에 배어 있는 역사성에다 화자의 감정을 이입하여 빚어내는 '봄' 풍경의 실루엣은 오랫동안 나의 마음을 아리게 했다.

"고단한 물굽이 흘러온/재첩의 살점 같은/슬픔의 빛깔 녹아든 얼굴"(「봄」 부분)이라는 '봄비 오는 들길을 가면' 우리는 무엇을 만날까? 어린 시절 헤어진, '작은 들꽃' 같은 '해맑은 얼굴' 하나……! 「꽃에도 그늘이 있다」의 첫머리에 "봄이 달려왔다"고 했는데 실은 봄이 달려온 것이 아니라 화자가 봄을 기다렸던 마음이 그렇게 간절하고 성급했음을 반증하는 것이리라. 남녀노소, 어느 누가 꽃을 좋아하지 않는 이가 있을까만 아무래도 성숙한 여인의 마음이 더욱 절실하리라. "한 세월 곱게 웃던/꽃에도 그늘이 있다"라는 결연을 음미해보면 분명 시적 화자의 감정이 입혀져 있음을 쉽게 발견할 수 있겠고, 젊음을 떠나보낸 여인의 미련과 회한이 묻어 있음을 알 수 있겠다.

대숲에
장대비가 쏟아진다

어린 이파리 파르르 떨며
속엣것 다 내어주고도
속죄하는 대나무들에게
장대비가 온종일 매질한다

칡넝쿨이 가시덩굴처럼
칭칭 밟고 올라설 때
대숲의 신음소리 끊일 줄 모르더니
너의 몸뚱이 시퍼렇게 멍들었구나

숲속 건너에서 불어오는 청정한 바람
아련한 노랫소리로 대숲을 다독인다

—「대숲」 전분

시적 자아의 자연에 대한 자상한 사랑과 섬세한 관찰력을 엿볼 수 있는 작품이다. 단순한 서경의 세계를 그려낸 것이 아니라 의인법으로 표현된, 수사상에도 드러나고 있듯이 이 시는 화자가 서경을 통해 자신의 생각과 감정을 나타내고자 하는 서정 세계가 바탕에 깔려 있다. 갖은 세파의 고초를 다 견뎌내면서 어린 것들을 키워내는, 모성의 사랑을 말하고 있는 것이다. 결국에는 "아련한 노랫소리로 대숲을 다독"이는 "청정한 바람"으로 환치되어 독자의 공감을 불러일으키고 있다.

5. 혈연에 대한 모성의 무한 사랑

두루 아는 것처럼 모든 생명체는 근원적으로 모성회귀적 본능을 가지고 있다. 만물의 영장이라고 하는 인간 역시 예외가 아니다. 짐승들의 '수구초심(首丘初心)', 새들의 '귀소본능(歸巢本能)', 물고기들의 '회귀성(回歸性)', 인간들의 '모성회귀본능(母性回歸本能)' 등 동물적 존재의 고향의식은 다르지 않는, 기본적 본능임에 이론이 없을 것이다. 그럼에도 불구하고 우리 인간의 그것이 차별화되는 이유는 원초적 특징 이외에도 '사고'를 비롯한 본질적 특징과

'문화'라는 고차원적 특징을 가진 때문이 아닐까?

모든 생명체의 원천인 모태, 어머니야말로 우리 인간에게도 생존의 시작이자 끝이 아닐까? 문학에서도 고향의식, 모태회귀의 본능은 그 어떤 제재나 주제보다도 위대한 것으로 우선하며 당연시되고 있다. 그러기에 대부분의 문인들 작품에는 예외 없이 '어머니'가 등장하기 마련이다. 이 시집의 저자 역시 많은 작품을 '어머니'의 이야기로 채우고 있다.

겨울도 오기 전에 불쑥 찾아온 첫눈
떠나지 못한 가을이 흩날린다
앞집 석류나무에 몇 개 남은 빨간 석류
머릿속이 어지러운지 담 넘어 떨어진다

손가락을 감싸고 있는
엄마의 칠순 때 해드린 금반지
그 존재의 사랑이 부재가 되고난 후
내게로 왔는데

어느 곳에나 있고 아무 데도 없는
당신

소낙비가 그리운 날이다
옛집에 머무는
가을 끝자락이 저 혼자 구시렁대니
앞선 겨울이 뛰어오는 것이다

—「어느 곳에나 있고 아무 데도 없는」 전문

떠나고 안 계신 어머니에 대한 애틋한 그리움을 노래한 작품이다. 30년 넘게 살았던 옛집을 찾았으나 어머니가 안 계신 고향집은 골목마저 어색하고, 겨울을 재촉하는 가을이 스산하게 느껴진다고 한다. 비록 아무 곳에서도 찾을 수 없는 모습이지만, 고향집 구석구석 어느 곳에나 어머니의 사랑이 남아 있는 곳이라 시적 화자는 느끼고 있다. 읽는 이로 하여금 모성과 고향에 대해 다시 한 번 생각하게 하는 사향가(思鄕歌)이다.

이밖에도 "어머니 겨울이 올라치면/뒤주마다 쌀을 가득 채우고/구공탄도 가득가득 (중략) 어머니의 부산했던 초겨울/늦게야 알았다/월동 준비인 것을"(「월동 준비」 부분)이나, "어머니의 젖줄 같은 수액은/숲 사이로 젖어들어/하얀 눈물로 흐르는데/꽃술은 향기가 없구나/너의 한풀이던가"(「자작나무」 부분), "내일은 머리 염색이라도 해드려야겠다고/생각만 하다가 지나쳤지/부풀다가 사라지는 비누거품인 양//별처럼 초롱초롱한 후회가/해 늦은 그믐밤까지 따라오고 있다"는 「비누거품」, "어머니의 웃는 얼굴에/소리 없이 부서지는/가랑잎 소리"라는 「가랑잎 소리」, "아침 산책 가신다면서/무지개 열차 타고 아버지한테 가시었다/십여 년 갖고 다니던 구겨진 꿈속의 차표만 가지고"(「기차표」 부분)에 이르기까지 시적 화자의 어머니 생각은 다양하게 표출되어 있다.

어머니에 대한 기억은 화자의 평범한 삶 속에서, 또는 일상에서 만나는 자연물을 통해서, 또는 어머니의 사소한 유품을 보면서도 곡진한 모성애에 젖게 된다. 그만큼 인생에 있어서 간절한 것, 본성적인 것, 위대한 것이 모성애임을 웅변해주고 있음일 터이다.

그녀는 시집을 갔다
이른 나이에 등 떠밀려
돌밭길 너머로 시집을 갔다

넘어지면 안 된다는
어머니의 당부를 꺼내 보고 들으며
시집살이 삼 년 동안
들일 집일 모두 해냈다

우는 아이 등에 업고

첫 친성 가넌 날
바짓가랑이 둥둥 걷고
맨발로 절뚝거리며 돌다리를 건넜다

돌아보는 돌밭길, 멀리까지 돌도 많았다

—「시집살이」 전문

시적 화자 자신이 살아온 삶의 여정을 그려낸 작품이다. 60~70년대에 젊은 시절을 살았던 사람들의 공통된 삶의 조건이었겠지만, 이 시의 주인공 역시도 "우는 아이 등에 업고/첫 친정 가던 날/바짓가랑이 둥둥 걷고/맨발로 절뚝거리며 돌다리를 건넜다"라며 인고의 '시집살이'를 고백하고 있다. 또한, 부부애를 노래한 작품도 있다. 「철길」은 부부 사이를 철로의 평행선에다 비유하며 가정의 화평은 선로의 버팀목에 달려 있다고 주장한다. 문득 누군가 말했던, "사랑은 마주 보는 것이 아니라, 같은 방향을 함께 바라보는 것이다"라는 말이 연상된다. 「철길」의 연작으로 보이는 「가을 햇살」 역시 부부의 삶을 여행으로 그려내며, 기차를 타고 함께 달려온 날들이 어느덧 "숨어 있던 가을 햇살은/선로의 평행선을 붉게 비추고 있다"며 황혼녘을 바라보는 부부의 삶을 '가을 햇살'에 비유하고 있다.

왜관역 대합실
시계만 자꾸 쳐다보며
초조하게 기다리는 어머니
군에 간 아들 첫 휴가 온다는 소식에
가슴은 두방망이질 하는데
느림보 기차는 오지 않는다
'지연'이라는 문자가 전광판을 스쳐간다

벽시계 무거운 분침이 반 바퀴나 돌고
늦게야 들어오는 기차의 허리
할미꽃 같이 휘어져 꼬리가 길다
쏟아지는 사람들 사이로
먼발치에서 새카만 군인
배낭을 어깨에 메고 뛰어온다
어무이요……
우리 아들 맞나, 얼싸안으며
아들의 얼굴을 이리저리 돌려본다
고생 많이 했제
소리가 나오다 말고 목에 걸린다

허리를 편 기차가 슬금슬금
기적소리를 울린다

썰물처럼 사람들이 빠져나간 대합실이

휑하다

—「왜관역」 전문

위의 시는 혈육에 대한 사랑을 노래한 것인데, 군 입대 후 첫 휴가 오는 아들을 기다리는 어머니의 초조한 심정을 그려내고 있다. 그 외에도 손주에 대한 할머니의 무한 사랑을 읊은 「미나 리」는 예정일보다 일찍 태어난 '미나'라는 외손녀를 예쁜 '개나리'에 비유하여 동심으로 읊은 시이고, 「파란 눈 속의 별」 역시 같은 외손녀로 태어난 아기를 계절의 변환에 빗대어 노래하고 있다. "딸내미를 꼭 닮은 아이/삶의 첫발을 꽃바람 타고 아이는 태어났다"라고. '파란 눈 속의 별'이란 시제 자체가 너무나 순수하고 예뻐, 시적 상징미를 잘 드러내었다고 할 수 있다. 제목을 어떻게 정하느냐에 따라 시의 의미와 무게감이 달라 보임을 가끔 보게 된다.

6. 끝맺으며

오늘날 범람하는 시들의 홍수 속에 살면서도 오히려 서정의 갈증과 허기를 느끼는 것은, 읽는 이의 가슴으로 젖어드는 작품이 드물기 때문이 아닐까? 지나친 기교주의,

지나친 형식주의, 지나친 상업주의에 빠져 내용도 없고 감동도 없는, 공허한 메아리로 들리는 가식의 시, 배설의 시, 허영의 시들이 독자로 하여금 시를 외면하게 하고, 배척하게 만들고 있지나 않는지? 이러한 때 진솔하고 순수한 무공해의 시를 대하게 되면 그 기쁨은 배가되리라. 이연주의 시를 통하여 모처럼 나는 그런 희열을 맛보았다.

이연주 시인의 시는 이상과 현실, 서경과 서정, 내용과 형식을 적절하게 조율하여 연주하는, 사랑의 세레나데이거나, 고된 삶의 엘레지이거나, 경외로운 자연의 교향악이다. 그의 시심은, 때로는 대자대비한 불심으로, 때로는 무한한 모성애로 가족과 이웃을 어루만져 보듬으며, 나아가 독자들의 고독하고, 상처받은 영혼까지도 위로해준다.

앞으로 연륜에 따른 소재나 주제의 다양성과 시력(詩歷)에 따른 표현과 기교의 세련미를 감안한다면 이 시인의 시세계 지평은 더욱 확장되리라 믿으며, 끊임없는 열성으로 이 시인만의 언재(言材)로써 멋진 시의 궁전을 건조해 가리라 확신한다. 더불어 더욱 진전된 두 번째 시집을 기대해 본다.

끝으로 좋은 시집의 출간을, 이 시인을 주목하는 모든 독자들과 함께 축하를 드린다.

이연주 1948년 대구에서 태어나 2008년 계간『문장』(시 부문)을 통해 등단했다. 2007년『문학미디어』수필 부문으로도 등단했으며 경북문인협회, 대구수필가협회, 칠곡문인협회 회원으로 활동하고 있다. 구상문학관 시동인 〈언령〉, 수필 동인 〈꽃자리〉, 〈대구달구벌수필〉 동인이기도 하다. 수필집으로『지구 반 바퀴를 돌아서』가 있다.

E-mail : yjl48@hanmail.net

그림 **이가경** 홍익대와 동대학원에서 판화를 전공한 후 뉴욕 주립대 퍼체이스 칼리지 대학원에서 스튜디오 아트를 공부했다. 국내에서 일러스트레이터로 활동한 바 있으며 현재 판화, 비디오, 설치 작업을 주로 하고 있다. 국내와 뉴욕 등에서 수십 차례 개인전과 그룹전을 가졌다. 2010년 폴록 크레이스너상, KAFA(Korea Arts Foundation of America, LA), 뉴욕 알재단 작가상을 수상했고, 뉴욕 메트로폴리탄 미술관, 미국 국회의사당 도서관, 오하이오 주 클리블랜드 미술관, 텍사스 맥레이 미술관 등에 작품이 소장되어 있다. 현재 뉴욕 Bard College에서 판화를 가르치고 있고, 뉴욕 브룩클린에서 작가 활동을 하고 있다. 이연주 시인의 차녀이다.

E-mail : kakyoungi@hotmail.com

이 도서의 국립중앙도서관 출판시도서목록(CIP)은 서지정보유통지원시스템 홈페이지(http://seoji.nl.go.kr)와 국가자료공동목록시스템(http://www.nl.go.kr/kolisnet)에서 이용하실 수 있습니다. (CIP제어번호: CIP2014011951)

전당시선 003

어느 곳에나 있고 아무 데도 없는

© 이연주

초판 1쇄 인쇄 2014년 4월 14일
초판 1쇄 발행 2014년 4월 21일

지은이 이연주
펴낸이 김석봉
책임편집 이현호
디자인 조동욱
펴낸곳 문학의전당
출판등록 제311-2012-000043호
주소 서울시 은평구 연서로11길 7-5 401호
편집실 서울시 마포구 마포대로 127, 413호(공덕동, 풍림VIP빌딩)
전화 02-852-1977
팩스 02-852-1978
블로그 http://blog.naver.com/mhjd2003
전자우편 sbpoem@naver.com

ISBN 978-89-98096-74-8 03810